KRISTINA SCHARMACHER-SCHREIBER ist studierte Germanistin und lebt als freie Autorin und Übersetzerin im Ruhrgebiet. Am Sachbuchschreiben liebt sie besonders die Vielfalt der Inhalte, die sie Kindern vermitteln darf. Ihr bei Beltz & Gelberg erschienenes Buch zum Klimawandel »Wie viel wärmer ist 1 Grad?« wurde vielfach ausgezeichnet.

CLAUDIA LIEB lebt und arbeitet in München. Seit 2005 ist sie als Illustratorin für verschiedene Verlage tätig. Wenn sie nicht am Schreibtisch sitzt, ist sie am liebsten in fremden Ländern unterwegs oder auf dem Wasser beim Windsurfen. www.claudialieb.de

Dieses Buch wurde umweltfreundlich ausgestattet. Es verzichtet auf eine Folienkaschierung und wurde mit mineralölfreien Cradle-to-Cradle-zertifizierten Druckfarben auf 100%-Recyclingpapier gedruckt.

Dieses Buch ist erhältlich als:
ISBN 978-3-407-74721-1 Print

© 2023 Beltz & Gelberg
in der Verlagsgruppe Beltz · Weinheim Basel
Werderstraße 10, 69469 Weinheim
Alle Rechte vorbehalten
Die Verlagsgruppe Beltz behält sich die Nutzung ihrer Inhalte für
Text und Data Mining im Sinne von § 44b UrhG ausdrücklich vor.
Illustration und Layout: Claudia Lieb
Lektorat: Matthea Dörrich
Fachberatung: Dr. Klaus Grosfeld, Alfred-Wegener-Institut,
Helmholtz-Zentrum für Polar- und Meeresforschung
Neue Rechtschreibung
Einbandgestaltung: Claudia Lieb
Herstellung: Nancy Aprile
Druck und Bindung: Beltz Grafische Betriebe, Bad Langensalza
Beltz Grafische Betriebe ist ein klimaneutrales Unternehmen (ID 15985-2104-100).
Printed in Germany
1 2 3 4 5   27 26 25 24 23

Weitere Informationen zu unseren Autor:innen und Titeln finden Sie unter: www.beltz.de

Kristina Scharmacher-Schreiber
Claudia Lieb

Wir Menschen und das Meer

Wie die Ozeane Nahrung, Strom und
Rohstoffe liefern und das Klima beeinflussen

WASSER, SOWEIT DAS AUGE REICHT!

Das sehen wir, wenn wir am Strand Sandburgen bauen, im Meer baden, Bootsfahrten oder eine Radtour auf dem Deich machen. Und doch liegt immer nur ein winziges Stück des Meeres vor uns. Insgesamt nehmen die Ozeane, die auch als Weltmeere bezeichnet werden, über 70 Prozent der Erdoberfläche ein. Deshalb nennt man die Erde oft »blauer Planet«. Betrachtet man die Erde vom Weltall aus, erscheint sie durch die riesigen Weltmeere hauptsächlich blau.

SIND WIR IM MEER ODER IM OZEAN?

KEENE AHNUNG! WUNDERSCHÖN IST ES AUF JEDEN FALL!

Ozeane und Meere sind nicht das Gleiche. Meere nennt man kleinere Teile eines Ozeans, die teilweise durch Länder begrenzt oder sogar umschlossen werden. Im Vergleich zu den Ozeanen sind Meere auch viel flacher. Dazu zählen zum Beispiel die Nord- und Ostsee, das Mittelmeer oder das Karibische Meer. Trotzdem ist »Meer« zu einem allgemeinen Begriff geworden. Wir sagen oft Meer, wenn wir eigentlich von den Ozeanen sprechen.

DIE BEDEUTUNG DER OZEANE FÜR DIE ERDE IST VON UNSCHÄTZBAREM WERT.

Sie bieten Lebensraum für über 2 Millionen Tier- und Pflanzenarten. Mehr als die Hälfte des Sauerstoffs, den wir atmen, wird von Meerespflanzen produziert. Ozeane beeinflussen unser Wetter und das Klima. Sie spenden uns Nahrung und verbinden alle Kontinente miteinander.

Mit einem Boot oder Schiff kann man um die ganze Welt reisen, ohne ein einziges Mal an Land gehen zu müssen, denn die fünf Ozeane sind miteinander verbunden.

Der Pazifik ist der größte unter den Ozeanen. Er nimmt gut die Hälfte der Wasserfläche der Erde ein. Gleichzeitig ist er auch der tiefste. Während die Ozeane im Durchschnitt vier Kilometer tief sind, reicht der Pazifik an einer Stelle, dem Marianengraben, etwa elf Kilometer hinab.

Obwohl der Atlantik der zweitgrößte unter den Ozeanen ist, hat er nur halb so viel Fläche wie der Pazifik. Es folgen der Indische Ozean, das Nordpolarmeer und das Südpolarmeer.

HIER UNTEN GIBT ES JA MÜLL!

MARIANENGRABEN

TIEFSTER TAUCHGANG:
10.928 m

DAS MEER IST IMMER IN BEWEGUNG.

Wenn Wind auf die Wasseroberfläche bläst, entstehen Wellen. Je nachdem, wie stark der Wind ist, aus welcher Richtung er kommt und in welchem Winkel er auf das Wasser trifft, können die Wellen sanft plätschern oder wild wogen.

Manchmal wühlt der Wind das Wasser so sehr auf, dass durch das Verwirbeln von Luft und Wasser weiße Schaumkronen auf den Wellen entstehen: die Gischt.

Bei starkem Wind krachen die Wellen regelrecht an den Strand. Auch das zurückfließende Wasser kann große Kraft entwickeln und Sand oder Gesteine mit sich reißen. Fegt ein Sturm über das Meer, drückt er manchmal so viel Wasser Richtung Land, dass aus der Flut eine Sturmflut wird, die flache Küstenregionen überschwemmt.

Rollen die Wellen auf den Strand zu, werden sie durch den ansteigenden Meeresgrund ausgebremst und türmen sich auf, bis sie schließlich auf den Strand treffen und wieder zurückfließen. Das nennt man Brandung.

Der Wind schiebt das Wasser an und türmt es zu einem Wellenberg. Durch die Schwerkraft wird das Wasser wieder nach unten gezogen, sodass ein Wellental entsteht.

Wind

Wellental

Oberflächenspannung

Wellenberg

STARKER SEEGANG HEUTE.

DER STURM IST FAST WEG, DAS IST NUR NOCH DIE DÜNUNG.

Erdbeben oder Vulkanausbrüche am Meeresboden können besonders viel Wasser auf einmal in Bewegung setzen. Es wird nach oben gedrückt, ein gewaltiger Flutberg entsteht und rollt Richtung Land – ein Tsunami bildet sich. Bricht sich die Tsunamiwelle an der Küste, kann sie viele Kilometer ins Landesinnere reichen.

DIE URSACHE FÜR DIE GEZEITEN LIEGT IM WELTALL

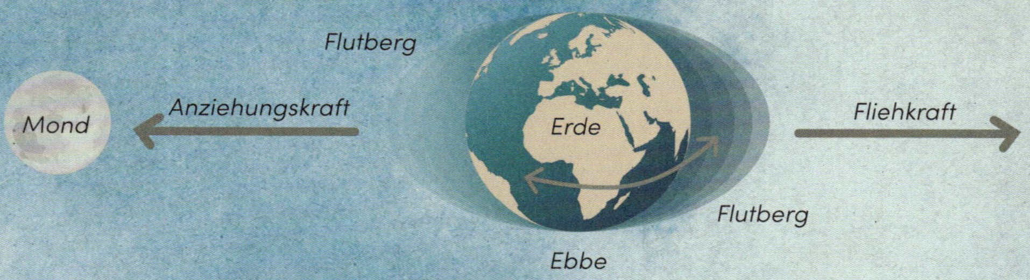

Ebbe
Flutberg
Mond
Anziehungskraft
Erde
Fliehkraft
Flutberg
Ebbe

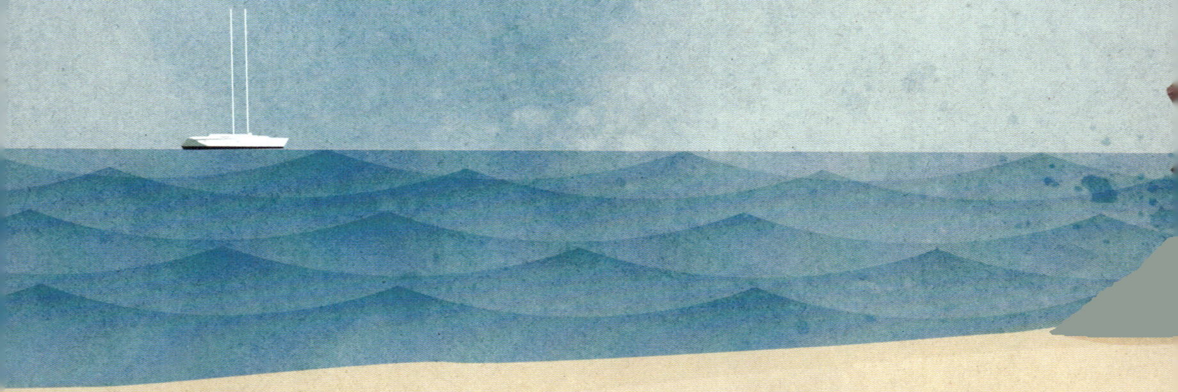

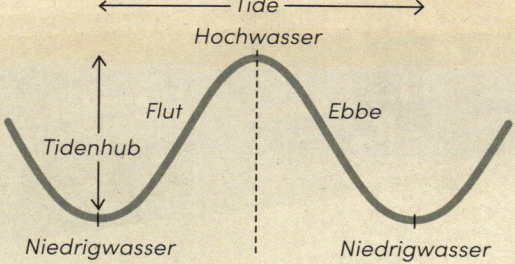

An manchen Küsten bewegt sich das Meer besonders stark. Das liegt am Wechsel der Gezeiten.

Tide
Hochwasser
Flut
Ebbe
Tidenhub
Niedrigwasser
Niedrigwasser

Bei Flut steigt das Wasser immer weiter an, bis nach etwa sechs Stunden der höchste Wasserstand erreicht ist. Dann ist Hochwasser und der Strand wirkt schmal. In den nächsten sechs Stunden geht das Meer wieder zurück. Es herrscht Ebbe. Jetzt kann man dort, wo bei Flut das Meer war, herumlaufen und Muscheln, Krebse oder Wattwurmhäufchen entdecken. Nach dem Niedrigwasser beginnt das Wasser wieder zu steigen und das Meer kehrt zurück.

BAY OF FUNDY

Tidenhub

STELL DIR VOR, IN DREI STUNDEN IST HIER WIEDER ALLES VOLLER WASSER.

Ebbe und Flut gibt es in allen Meeren, doch nicht überall sieht man sie deutlich. Der Unterschied zwischen Hoch- und Niedrigwasser heißt Tidenhub. Den größten Tidenhub gibt es mit über 13 Metern in Kanada, in der Bay of Fundy. An der deutschen Nordseeküste beträgt der Unterschied 2 bis 4 Meter und an der Ostsee nur etwa 20 Zentimeter. Das liegt unter anderem an der Größe der Ozeane. Im riesigen Atlantik oder Pazifik haben die Wassermassen viel Platz, sich zu bewegen. Das gilt auch für die Nordsee, denn sie hat eine breite Verbindung zum Atlantik. Da die Ostsee oder auch das Mittelmeer ganz von Land umschlossen sind, gibt es hier keinen großen Bewegungsspielraum. Den Unterschied zwischen Ebbe und Flut bemerkt man kaum.

Es macht Spaß, am Strand zu sein und sich die frische Meeresbrise um die Nase wehen zu lassen. Surferinnen suchen auf ihren Brettern nach der perfekten Welle, Segler gleiten über das Wasser, kleine Meeresforscherinnen sammeln im seichten Wasser Krebse oder Muscheln und Schwimmerinnen stürzen sich in die Fluten.

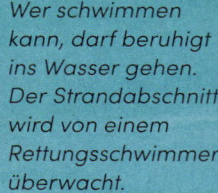

DAS BEDEUTEN DIE VERSCHIEDENEN FLAGGEN

Wer schwimmen kann, darf beruhigt ins Wasser gehen. Der Strandabschnitt wird von einem Rettungsschwimmer überwacht.

Nur sehr sichere Schwimmer dürfen ins Wasser. Für Kinder und ältere Menschen ist das Baden und Schwimmen verboten.

Besonders umweltfreundlicher Strand und sauberes Wasser.

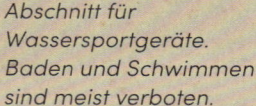

Abschnitt für Wassersportgeräte. Baden und Schwimmen sind meist verboten.

Baden und Schwimmen verboten.

Baden im Meer war nicht immer normal. Lange hatten die Menschen Angst vor Wind und Wellen. Erst vor etwa 250 Jahren entdeckte man in England, wie gut Meeresluft und Salzwasser tun können, und aus Fischerdörfern wurden nach und nach Ferienorte. Nur reiche Leute konnten sich die beschwerliche Reise an die Küsten leisten. Gebadet wurde von Karren aus, die man ins Meer schob. Außerdem gab es für Männer und Frauen getrennte Strandabschnitte.

WARUM GIBT ES AUSGERECHNET AUF DER ERDE WASSER?

Sie ist der einzige Planet unseres Sonnensystems, auf dem kühles Nass plätschert. Das liegt an der Entfernung der Erde zur Sonne. Wäre die Sonne näher, würde das Wasser verdampfen, weil es auf der Erde viel wärmer wäre. Wäre sie weiter entfernt, würde alles Wasser gefrieren.

Als die Erde vor etwa 4,6 Milliarden Jahren entstand, war sie eine glühend heiße Kugel aus geschmolzenem Gestein und Metallen. Zahllose Himmelskörper aus Gestein, Staub und gefrorenem Eis schlugen ein. Wissenschaftlerinnen vermuten, dass dadurch ein großer Teil des Wassers auf die Erde kam. Durch die Hitze schmolz das Eis und wurde zu Wasserdampf, der sich in der Atmosphäre der Erde ansammelte. Hinzu kam Wasserdampf, den Vulkane neben anderen Gasen aus dem Erdinneren in die Atmosphäre beförderten. Als die Erde immer mehr abkühlte, verflüssigte er sich. Es regnete jahrtausendelang, bis die Erdoberfläche zu großen Teilen überflutet war. Aus diesem Wasser bestehen die Ozeane bis heute.

Die Atmosphäre umschließt die Erde wie eine unsichtbare Hülle aus unterschiedlichen Gasen wie Sauerstoff, Kohlenstoffdioxid und Wasserdampf. Die Anziehungskraft der Erde, die Schwerkraft, sorgt dafür, dass die Gase nicht in den Weltraum entweichen können. Deshalb bleibt das Wasser auf der Erde.

WASSERKREISLAUF

Werden Tropfen zu groß und zu schwer, regnet es.

Erreicht der Wasserdampf hohe, kühlere Luftschichten, bilden sich unzählige kleine Wassertröpfchen. Daraus entstehen Wolken.

Durch Sonneneinstrahlung erhitzt sich das Wasser und verdunstet.

Über Milliarden von Jahren veränderte sich die Erdoberfläche. Große Landmassen, die Kontinente, ragten aus dem Wasser hervor, wuchsen zusammen oder schoben sich auseinander. So formten sich die Kontinente und Ozeane, wie wir sie heute kennen.

MEERWASSER SCHMECKT SALZIG.

Das weiß jeder, der beim Baden im Meer schon mal einen Schluck genommen hat. Das Salz stammt aus Steinen und Gebirgen. Regen löst daraus winzige Salzmengen, die durch Bäche und Flüsse ins Meer gelangen. Dort reichert sich das Salz nach und nach an. Außerdem lösen sich aus Gesteinen und Vulkanen am Meeresgrund Salze.

EIN LITER MEERWASSER ENTHÄLT IM SCHNITT UNGEFÄHR 2 ESSLÖFFEL SALZ.

Der Salzgehalt ist nicht überall gleich. Im Mittelmeer gibt es zum Beispiel mehr Salz als in der Ostsee. Weil es am Mittelmeer warm ist, verdunstet viel Wasser. Das Salz verdunstet aber nicht mit, sondern bleibt im restlichen Wasser zurück. An der kühleren Ostsee verdunstet weniger Wasser. Außerdem regnet es häufiger, und es gibt mehr Zuflüsse, sodass weniger Salz auf eine bestimmte Menge Meerwasser kommt.

Dass bei der Verdunstung von Wasser Salz zurückbleibt, macht man sich bei der Salzgewinnung zunutze: Man füllt Meerwasser in flache Becken. Solche sogenannten Salzgärten gibt es vor allem in warmen Ländern, denn dort verdunstet das Wasser besonders schnell. Zurück bleibt das Meersalz. Damit würzen Menschen wohl schon seit 7.000 Jahren ihre Speisen.

Insgesamt befinden sich ungefähr 50 Billionen Tonnen Salz in den Meeren und Ozeanen.

Salzwasser dagegen ist nicht zum Trinken geeignet. Und auch nicht für die Industrie, zum Beispiel als Kühlwasser. Deswegen werden in einigen Ländern Entsalzungsanlagen genutzt, um aus dem Meerwasser Trink- und Industriewasser zu gewinnen. Dabei werden allerdings Chemikalien zugesetzt, um das Salz aus dem Wasser zu ziehen. Zusammen mit dem Salz werden sie oft einfach zurück ins Meer geleitet. Das verändert den natürlichen Salzgehalt, verschmutzt das Wasser und gefährdet Pflanzen und Tiere.

WIR ALLE KOMMEN AUS DEM MEER.

Denn dort entwickelte sich vor über 3 Milliarden Jahren das erste Leben. Im Urozean lebten damals winzige, einfache Einzeller. Über eine Milliarde Jahre später entstanden mit den Cyanobakterien die ersten Wesen, die Kohlenstoffdioxid zu Sauerstoff umwandeln konnten. Ohne diese winzigen Organismen hätte es keine Hunde, Katzen, Meerschweinchen oder Menschen gegeben. Denn Sauerstoff brauchen fast alle Lebewesen zum Atmen.

QUARTÄR — große Artenvielfalt, erstes Auftreten des Menschen

2,6 Millionen Jahre – HEUTE

KREIDE — Ende der Saurier, typische Meerestiere sind Ammoniten

65 – 2,6 Millionen Jahre

142 – 65 Millionen Jahre

HEUTE

TERTIÄR — Entfaltung der Blütenpflanzen, Säugetiere und Vögel

TRIAS — erste Meeresreptilien, Saurier und Säugetiere

200 – 142 Millionen Jahre

251 – 200 Millionen Jahre

JURA — Hauptzeit der Saurier, erste Vögel

PERM — Entwicklung von Vierfüßlern, Samenfarnen und ersten Nadelhölzern, großes Massensterben durch Vulkanismus

Vor 550 Millionen Jahren wurde die Artenvielfalt größer, Schwämme und Quallen bevölkerten die Meere. Bis erste Tiere das Wasser verließen und an Land lebten, vergingen weitere 200 Millionen Jahre. Es entwickelten sich Formen von Reptilien und Vögeln bis hin zu Säugetieren. Erst vor etwa zwei Millionen Jahren entstand die frühe Form des Menschen, aus dem sich der moderne Mensch, der Homo sapiens, entwickelte.

IN DER NATUR IST ALLES AUFEINANDER ABGESTIMMT.

Einen bestimmten Lebensraum und alle Arten von Tieren und Pflanzen, die gemeinsam darin leben, bezeichnet man als Ökosystem. Das kann ein Dschungel sein oder auch die Blumenwiese im Garten.

Die Ozeane zählen zu den vielfältigsten Ökosystemen der Erde. Grundlage allen Lebens ist das Phytoplankton, winzige Organismen, die in den Meeresströmungen treiben. Um zu wachsen, brauchen sie Kohlenstoffdioxid. Sie wandeln ihn in Sauerstoff um und produzieren so ungefähr die Hälfte des Sauerstoffs in unserer Atmosphäre. Außerdem steht das Plankton am Beginn der Nahrungskette. Unzählige Lebewesen ernähren sich von ihm.

PHYTOPLANKTON → ZOOPLANKTON → FISCHE

Auch Korallen ernähren sich von Plankton, das sie aus dem Wasser herausfiltern. Sie sehen aus wie Pflanzen, sind aber festgewachsene Tiere, die in Kolonien zusammenleben. Sie gehören zur Gruppe der Nesseltiere, ebenso wie Quallen. Die Steinkorallen scheiden an ihrer Basis Kalk aus und bilden so nach und nach große Riffe, auf denen sich immer neue Korallen ansiedeln. Obwohl sie nur etwa ein Prozent des Meeresbodens einnehmen, lebt hier ein Viertel aller Fischarten.

ALGEN verleihen den Korallen ihre leuchtenden Farben.

DIE WASSERZIRKULATION IM NORDATLANTIK

Golfstrom an der Oberfläche

kalte Tiefenströmung

ARKTIS

Die Arktis erwärmt sich durch den Klimawandel besonders stark. Schmelzen Schnee und Eis, kommen die darunter liegenden Land- und Ozeanflächen zum Vorschein. Sie erwärmen sich durch die Sonnenstrahlung weiter. Dadurch verringern sich die Temperaturunterschiede zum Äquator und die Luftströmungen verändern sich. Durch das schmelzende Eis vermischt sich außerdem leichtes Süßwasser mit dem schwereren Salzwasser. All das beeinflusst die Meeresströmungen und somit auch unser Wetter und Klima.

OZEANE REGULIEREN UNSER KLIMA.

Denn sie speichern Kohlenstoffdioxid und Wärme. Kohlenstoffdioxid ist ein Treibhausgas. Zusammen mit anderen Gasen sorgt es in der Erdatmosphäre dafür, dass ein Teil der Sonnenwärme auf der Erde gespeichert wird. Das nennt man Treibhauseffekt. Ohne diesen Effekt wäre es auf der Erde eiskalt. Da wir Menschen aber zum Beispiel durch unsere Fabriken, Autos oder Flugzeuge immer mehr Treibhausgase produzieren, wird es auf der Erde immer wärmer. Das ist der menschengemachte Klimawandel.

Ozeane mildern den Klimawandel jedoch noch etwas ab, da sie einen Teil des Kohlenstoffdioxids aufnehmen. Doch mittlerweile haben die Ozeane so viel zusätzliches Kohlenstoffdioxid aufgenommen, dass das Wasser sich chemisch verändert hat und dadurch saurer wird. Dies hat Auswirkungen auf viele Organismen, die Skelette und Kalkschalen vieler Meeresbewohner werden dünner und brüchiger.

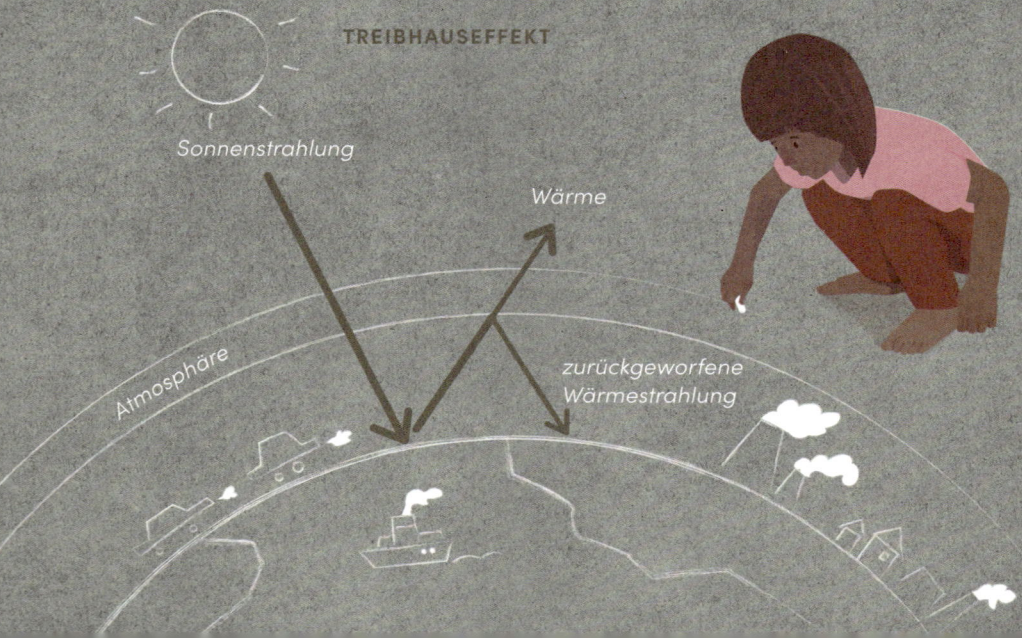

Ähnlich wie die Panzer, Schalen oder Knochen vieler Lebewesen besteht Straßenkreide aus Kalk. Legt man die Kreide in ein Glas mit Säure, beginnt sie zu schäumen und löst sich auf.

Da die Temperatur auf der Erde immer weiter steigt, erwärmen sich auch die Ozeane immer stärker. Das stört die empfindlichen Ökosysteme. Zum Beispiel wird das Phytoplankton in einigen Gebieten weniger, in anderen vermehrt es sich zu stark. Die Algen, die auf den Korallen leben, erzeugen bei Wärme Gift. Die Korallen verstoßen sie und sterben ab. Einige Fischarten wandern in kühlere Regionen ab, was wiederum dort die Lebensgemeinschaften verändert.

MEINE EISBERGE VERSCHWINDEN!

WELTWEIT STEIGT DER MEERESSPIEGEL.

Dafür gibt es drei Gründe: Warmes Wasser dehnt sich aus und nimmt mehr Platz ein. Außerdem gelangt durch das Schmelzen des Eises an Nord- und Südpol und von den Gebirgsgletschern immer mehr Süßwasser in die Ozeane. Auch das Landeis von Grönland und der Antarktis trägt dazu bei. Denn wenn hier das Eis schmilzt, rutscht es vom Land nach, zerbricht und schmilzt ebenfalls.

Auch die riesigen Meereisflächen, die in der Arktis und Antarktis das Meer bedecken, schrumpfen im Sommer nach und nach. Dadurch verkleinern sich wichtige Schutzschilde gegen die Erwärmung. Da Eis und Schnee Sonnenlicht reflektieren, kühlen sie nämlich die Erde. Geht viel Eis verloren, werden dunklere Flächen wie Erdboden und Meer freigelegt. An ihnen werden die Sonnenstrahlen nicht reflektiert, sondern werden gespeichert. Es wird noch wärmer. Wenn es wärmer wird, schmilzt noch mehr Eis – ein unaufhaltsamer Kreislauf.

Bestimmt würden viele Leute gern am Meer wohnen und jeden Morgen mit dem Seewind im Rücken zur Schule oder Arbeit radeln.

Weltweit leben Milliarden von Menschen in Küstenregionen. Fast alle der zehn größten Städte der Welt liegen nah am Meer. Es bietet den Menschen Nahrung durch Fische, Meeresfrüchte und Pflanzen. Die Möglichkeit, Häfen zu bauen und Handel mit anderen Ländern zu betreiben. Und es bietet Platz.

MEXIKO-STADT
21,6

SÃO PAULO
21,7

JIPPIIIE, DIE SCHULE IS AUS!

Wo an Land nicht genug Platz ist, ziehen die Menschen auf das Wasser. Zum Beispiel in Lagos in Nigeria. Lagos ist die bevölkerungsreichste Stadt des afrikanischen Kontinents. Immer mehr Menschen kommen vom Landesinneren dorthin, um Arbeit zu finden. Da es in der Stadt zu eng wird, bauen viele ihre Häuser in die flachen Küstengewässer. Damit sie nicht nass werden, stehen die Häuser auf Pfählen. Die Bewohner bewegen sich in Booten fort.

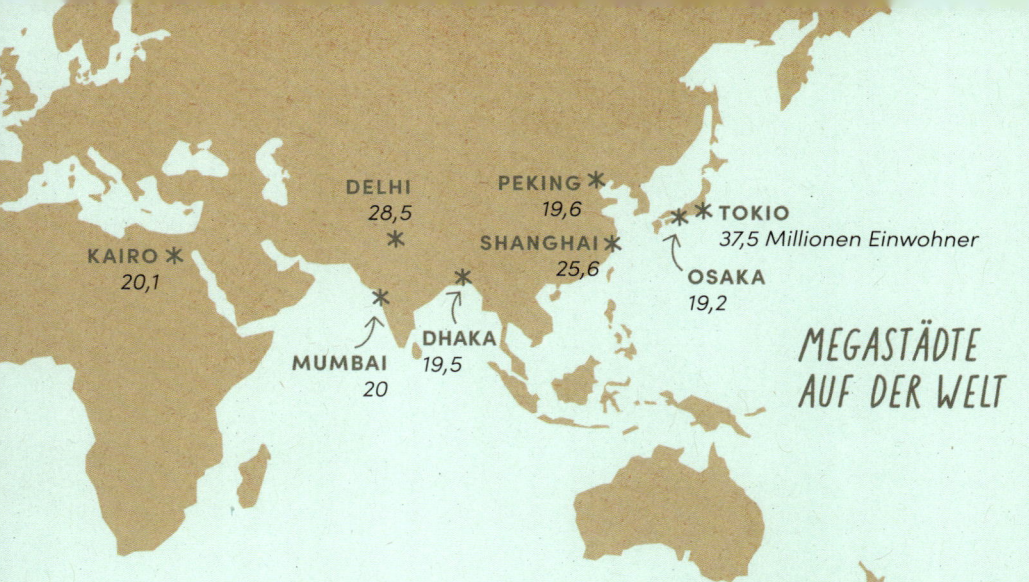

MEGASTÄDTE AUF DER WELT

KAIRO ✱
20,1

DELHI ✱
28,5

PEKING ✱
19,6

SHANGHAI ✱
25,6

✱ TOKIO
37,5 Millionen Einwohner

OSAKA
19,2

MUMBAI
20

DHAKA
19,5

Auch in Venedig, das auf vielen kleinen Inseln gegründet wurde, bauten die Menschen ihre Häuser teilweise ins Wasser. Hierfür wurden viele Holzpfähle in den Boden gerammt, die eine feste Stütze für die Häuser bilden. Heute ist Venedig eine der berühmtesten Wasserstädte der Welt.

In den Niederlanden legte man Meeresboden trocken, um mehr Platz für Häuser, Äcker und Weideflächen zu haben. Flache Bereiche der Nordsee wurden eingedeicht und das Gebiet innerhalb der Deiche mithilfe von Windmühlen leer gepumpt. Das so neu gewonnene Land nennt man Polder.

TETRAPODEN

HOLZPFLÖCKE

WER AM MEER LEBT, MUSS SICH AUCH VOR IHM SCHÜTZEN.

Zum Beispiel durch Deiche. Oder durch Tetrapoden. Diese großen Steinblöcke, die am Meeressaum liegen, sollen Wellen ihre zerstörerische Kraft nehmen. Holzpflöcke werden in den Meeresboden geschlagen, um zu verhindern, dass die Brandung zu viel Sand abträgt.

Es gibt auch natürliche Wellenbrecher: Korallenriffe brechen Wellen, schon bevor sie den Strand erreichen. An tropischen Küsten wachsen im Uferwasser Mangrovenwälder, die Stürme und Fluten abschwächen, bevor sie das Land treffen. Trotzdem werden viele von ihnen abgeholzt.

Durch den Klimawandel gibt es immer häufiger Unwetter mit starken Sturmfluten. Außerdem steigt der Meeresspiegel an, sodass in Zukunft manche Küstenregionen dauerhaft überflutet werden.

Wissenschaftlerinnen arbeiten an Lösungen, damit nicht Millionen von Menschen ihr Zuhause verlieren. In Venedig können künftig Staudämme hochgeklappt werden, die die Stadt vor Hochwasser schützen sollen. Manche Städte erhöhen ganze Straßenzüge oder bauen Tunnel- und Pumpsysteme, um Wasser abzuleiten. In den Niederlanden gibt es schon einige schwimmende Häuser und sogar einen schwimmenden Kuhstall, die sich mit dem Meeresspiegel heben und senken.

Manche Länder können solche Maßnahmen aber nicht bezahlen. Leider sind das oft ausgerechnet die Orte, an denen der Meeresspiegel sogar jetzt schon besonders stark ansteigt.

JETZT IST DER GANZE SAND IRGENDWO IM MEER.

DER MUSS VON BAGGERN WIEDER AUFGESCHÜTTET WERDEN.

DA HABEN WIR GESTERN NOCH SANDBURGEN GEBAUT.

AUF DEM MEER GIBT ES KEINE SICHTBAREN GRENZEN.

Wem gehört es eigentlich? Das haben 1982 die Vereinten Nationen, ein Zusammenschluss aus 193 Ländern, festgelegt. Sie haben das Meer in einem Vertrag in unterschiedliche Zonen aufgeteilt.

FESTLANDSOCKEL

KÜSTENMEER:
2 Seemeilen vor der Küste. Die Fischbestände und Bodenschätze gehören dem jeweiligen Staat, er legt alle hier geltenden Regeln fest.

AUSSCHLIESSLICHE WIRTSCHAFTSZONE:
200 Seemeilen vor der Küste. Die Fischbestände und Bodenschätze gehören dem jeweiligen Staat.

12 Seemeilen

max. 200 Seemeilen

Manchmal streiten sich Staaten um diese Einteilung, zum Beispiel, wenn die Festlandsockel zweier Länder ineinanderragen. Oder sie diskutieren, ob die Seemeilen vom Festland oder von vorgelagerten Inseln aus gemessen werden. Denn Ozeane und Meere bringen den Staaten durch Fischerei und Bodenschätze viel Geld ein.

HOHE SEE:
Weiter als 200 Seemeilen von der Küste entfernt. Alle Staaten dürfen hier fischen und zur See fahren. Der Abbau von Bodenschätzen muss von der zu den Vereinten Nationen gehörigen Meeresbodenbehörde genehmigt werden.

Ragt der Festlandsockel, also die Fortsetzung des Festlandes unter Wasser, weiter als 200 Seemeilen ins Meer, kann die **AUSSCHLIESSLICHE WIRTSCHAFTSZONE** erweitert werden.

max. 350 Seemeilen

Eine Seemeile = 1852 Meter

ANGELHAKEN gibt es schon seit über 10.000 Jahren. Sie wurden zum Beispiel aus Schneckenschalen oder Mammutknochen gemacht.

DIE OZEANE BOTEN DEN MENSCHEN SCHON IMMER NAHRUNG.

Bereits vor 100.000 Jahren fingen sie in Küstennähe mit der Hand oder dem Speer Fische und Seehunde, um sie zu essen. In einer Höhle auf einer Insel in Südostasien hat man 40.000 Jahre alte Überreste von Hochseefischen gefunden. Sie zeigen, dass Menschen schon damals lange Strecken auf Booten zurücklegten, um diese Fische zu fangen.

TROCKENFISCH

Lange ernährte man sich und seine Familie von dem gefangenen Fisch. Später begann man, damit Handel zu treiben. Dafür musste er haltbar gemacht werden, etwa durch Salz. Die Wikinger ließen Kabeljau an der kalten Polarluft trocknen und transportierten ihn mit ihren Schiffen bis zu 2.000 km weit in den Süden.

Ab dem 15. Jahrhundert wurden Hochseefischerei und Fischhandel immer professioneller. Fangflotten aus mehreren Schiffen konnten wochenlang auf See bleiben. Im 19. Jahrhundert wurde der Dampfantrieb erfunden. Schiffe wurden größer und schneller, konnten weiter hinausfahren, riesige Netze ziehen und in immer tieferem Wasser fischen.

Früher aß man nur an der Küste frischen Fisch. Die Erfindung von Eisenbahn und Kühlmethoden ermöglichte es, den Fisch an weit entfernte Orte im Inland zu transportieren.

KABELJAU

IMMER MEHR MENSCHEN WOLLEN FISCH ESSEN,

denn er schmeckt gut und ist sehr gesund. Für viele der mittlerweile über 8 Milliarden Menschen auf der Welt ist Fisch die wichtigste Nahrungsquelle. Weltweit wird heute fast viermal so viel Fisch gefangen wie vor 70 Jahren.

1950
20 Millionen
Tonnen im Jahr

HEUTE
90 Millionen Tonnen im Jahr

Dafür fahren täglich Millionen von Fischerbooten und großen Fischereischiffen auf die Weltmeere hinaus. Etwa 120 Millionen Menschen leben vom Fischfang, entweder weil sie selbst fischen oder weil sie in Fischfabriken arbeiten oder Fisch verkaufen.

Viele Bereiche der Ozeane gelten mittlerweile als überfischt. Das heißt, dass mehr Fische gefangen als Jungfische geboren werden.

*Netz mit 500 Tonnen Fang
= ca. 17 Lkw-Container*

Einige Fangflotten haben Netze, die 40 km lang sind oder 500 Tonnen Fisch auf einmal fangen können. Die großen Netze reißen auch unzählige Fische und Meerestiere mit sich, die gar nicht gegessen werden sollen. Dieser sogenannte Beifang wird einfach tot zurück ins Meer geworfen.

Um die Fischbestände zu schützen, legen Politikerinnen in Europa Fangquoten fest. Jedes Jahr wird bestimmt, wie viel Fisch einer Art gefangen werden darf. Außerdem muss der Beifang mit an Land gebracht und verkauft werden, damit die Tiere nicht umsonst sterben.

Viele Umweltschützer und Wissenschaftlerinnen finden die Fangquoten aber nicht streng genug. Außerdem ist es schwer zu kontrollieren, ob sich die Fischer an die Regeln halten.

Man kann gemütlich auf einem Steg sitzen, seine Angel ins Wasser baumeln lassen und darauf warten, dass ein Fisch anbeißt. Oder sich am Meeressaum mit einem Kescher auf die Jagd nach Meerestieren begeben. Soll mit der Fischerei Geld verdient werden, kommen aber Fischernetze zum Einsatz, die große Mengen auf einmal fischen können. Oft richten sie gleichzeitig großen Schaden an.

Mit sogenannten **GRUNDSCHLEPPNETZEN** *werden Tiere gefangen, die nahe am Meeresgrund leben, zum Beispiel Schollen, Flundern oder Garnelen. Da die Netze über den Boden gezogen werden, wühlen sie ihn auf und zerstören dabei den Lebensraum zahlreicher Lebewesen und Pflanzen. Ganze Korallenriffs oder Seegraswiesen können so vernichtet werden. Außerdem wird beim Aufwirbeln des Meeresbodens Kohlenstoffdioxid freigesetzt.*

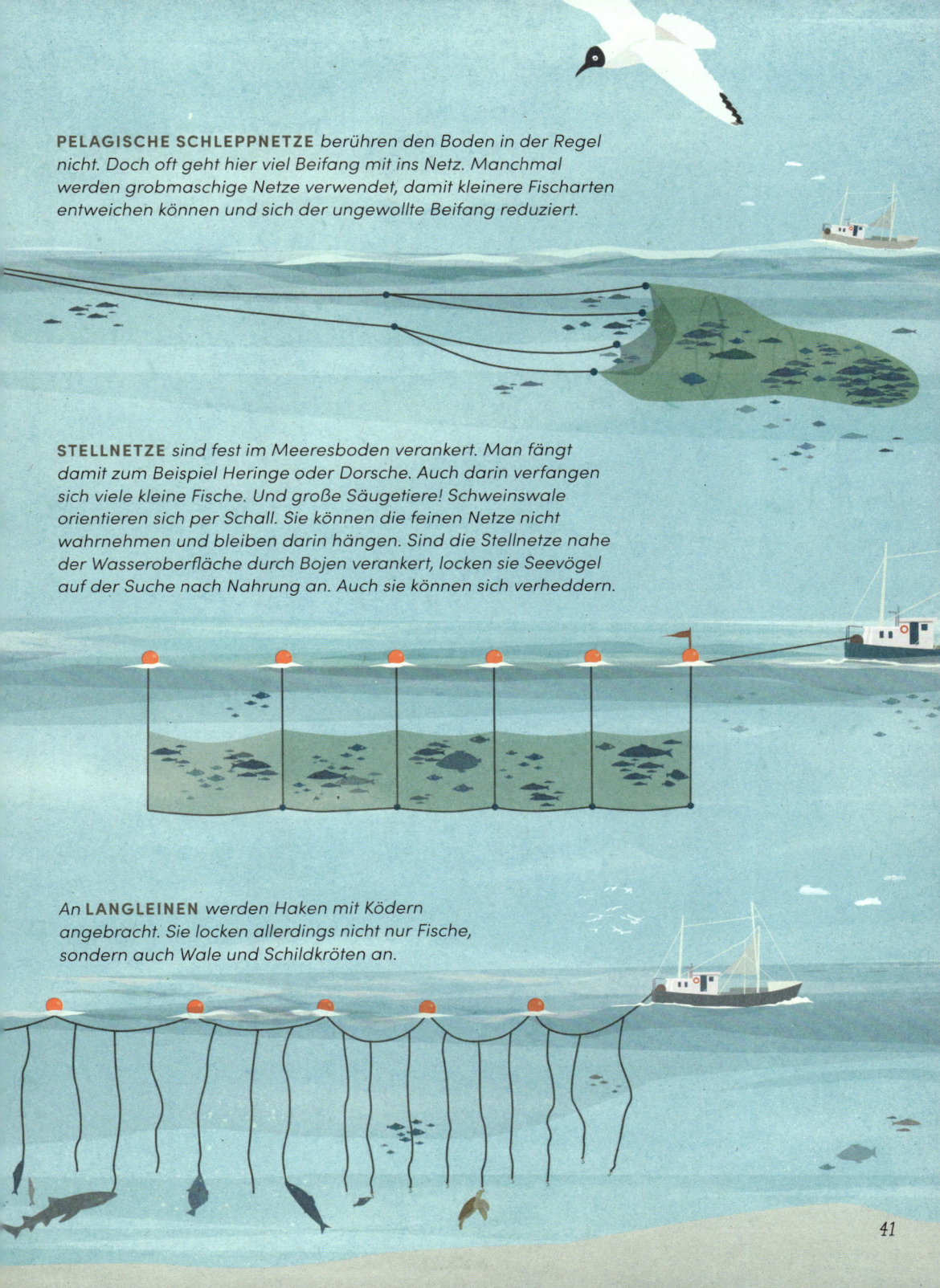

PELAGISCHE SCHLEPPNETZE berühren den Boden in der Regel nicht. Doch oft geht hier viel Beifang mit ins Netz. Manchmal werden grobmaschige Netze verwendet, damit kleinere Fischarten entweichen können und sich der ungewollte Beifang reduziert.

STELLNETZE sind fest im Meeresboden verankert. Man fängt damit zum Beispiel Heringe oder Dorsche. Auch darin verfangen sich viele kleine Fische. Und große Säugetiere! Schweinswale orientieren sich per Schall. Sie können die feinen Netze nicht wahrnehmen und bleiben darin hängen. Sind die Stellnetze nahe der Wasseroberfläche durch Bojen verankert, locken sie Seevögel auf der Suche nach Nahrung an. Auch sie können sich verheddern.

An **LANGLEINEN** werden Haken mit Ködern angebracht. Sie locken allerdings nicht nur Fische, sondern auch Wale und Schildkröten an.

Man kann sie einfach aus der Tiefkühltruhe holen und in der Pfanne braten – fertig! Viele Menschen finden Fischstäbchen praktisch und lecker. Doch der Weg auf unsere Teller ist weit.

1. Im Golf von Alaska oder der russischen oder US-amerikanischen Beringsee werden von Schiffen Schleppnetze ins Wasser gelassen, um riesige Mengen Alaska-Seelachs zu fangen.

2. Die Fische werden entweder direkt an Bord oder in Fabriken des nahe gelegenen Festlands weiterverarbeitet. Manchmal werden sie für diese Arbeitsschritte aber auch nach China oder Taiwan verschifft. Maschinen schneiden die Fische zurecht und befreien sie von Gräten. Dann werden sie in großen Blöcken eingefroren, damit sie auf ihrer langen Schiffsreise nicht verderben.

3. Nach einigen Wochen oder Monaten kommen die Fischblöcke in Deutschland an. Dort werden sie zu kleinen Stäbchen geschnitten, paniert, frittiert und verpackt. In Bremerhaven werden so täglich 7 Millionen Fischstäbchen produziert.

4. Kühlwagen bringen die Fischstäbchenpackungen schließlich in den Supermarkt.

ÜBER DIE HÄLFTE DER FISCHE, DIE AUF UNSEREN TELLERN LANDEN, STAMMEN VON FISCHFARMEN.

Sie werden nicht gefangen, sondern in riesigen, in Küstennähe verankerten Netzen gezüchtet, zum Beispiel in Skandinavien oder Asien. Ohne diese sogenannte Aquakultur könnte der weltweite Appetit auf Fisch nicht gedeckt werden. Aquakultur wird manchmal auch eingesetzt, um durch Fischfang oder klimatische Veränderungen bedrohte Arten zu erhalten. Man zieht die Fische in geschütztem Raum groß und wildert sie später aus.

GUCK MAL, EIN FISCHBAUERNHOF!

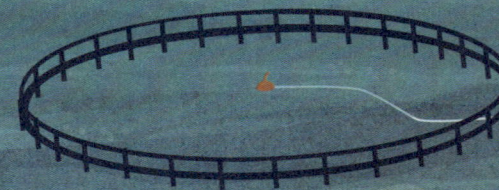

Viele der Fische aus Aquakulturen sind allerdings Raubfische, die andere Fische fressen. Um 1 Kilo Lachs zu züchten, braucht man bis zu 7 Kilo Futterfische, die im offenen Meer gefangen werden. Das verstärkt die Überfischung der Ozeane. Wissenschaftlerinnen forschen an nachhaltigeren Futtermöglichkeiten, zum Beispiel Insekten- oder Algenmehl oder auch Lupinen.

Da die Fische in offenen Netzgehegen gezüchtet werden, verschmutzen Futterreste und Kot die Umgebung. Auch Medikamente und andere Chemikalien, die in den engen Netzen Krankheiten vorbeugen sollen, geraten ins Meer und letztendlich auch in unsere Mägen.

In Asien, wo ein großer Teil der Zuchtfische herkommt, müssen für das Anlegen der Farmen große Teile von im Uferbereich wachsenden Mangrovenwäldern weichen. Sie bieten Lebensraum für unzählige Tierarten und schützen das Land vor Hochwasser und Fluten.

LACHS

Was also tun, wenn man Fisch essen, aber die Umwelt schonen möchte? Bei Obst, Gemüse und Fleisch kann man vieles in Bio-Qualität kaufen. Bei Fisch geht das nur, wenn er gezüchtet wird. Denn nur dann kann man genau sagen, unter welchen Bedingungen er herangewachsen ist. Dazu gehört zum Beispiel, was er gefressen hat und mit welchen Chemikalien oder Medikamenten er in Berührung gekommen ist. Die Nachteile der Zucht, wie die Verschmutzung des umliegenden Meerwassers, bleiben aber.

Doch auch beim Kauf von Wildfisch kann man auf Umweltsiegel achten. Es gibt viele Siegel, die zeigen sollen, dass der Fisch aus Gewässern stammt, die noch nicht überfischt sind, und dass beim Fischen die Umwelt geschont wird. Umweltschützer finden sie allerdings nicht streng genug, zum Beispiel, weil manchmal trotzdem Netze verwendet werden, die den Meeresboden zerstören oder die zu viel Beifang verursachen. Einige Umweltverbände bieten deshalb eigene »Fischführer« an, in denen wichtige Informationen zu den beliebtesten Fischarten vermittelt werden.

WIR KÖNNEN DIE MEERE ZUM ANBAU VON NAHRUNG NUTZEN WIE ÄCKER UND FELDER AN LAND.

In Asien sind Algen ein verbreitetes Lebensmittel, das nicht nur wild geerntet, sondern auch gezielt gezüchtet wird. Algen sind sehr gesund und so nährstoffreich, dass man sie sogar zu Medizin verarbeitet. Deshalb wird die Algenzucht seit einigen Jahren auch in Europa beliebter.

Viele Wissenschaftlerinnen sagen: Algen können dazu beitragen, die immer weiter wachsende Erdbevölkerung zu ernähren. Denn man erhält auf der gleichen Fläche 40-mal so viel Nahrung wie durch den Anbau von Pflanzen an Land. Sie brauchen keine Düngemittel, und weil sie so schnell wachsen, kann man sie häufiger ernten.

Und nicht nur das: Algen könnten gegen den Klimawandel helfen! Zum Beispiel, weil sie im Meer wachsen. An Land muss man nämlich oft Wälder roden, um Ackerflächen zu schaffen. Dadurch gehen wichtige Bäume verloren, die Kohlenstoffdioxid aus der Luft speichern könnten. Außerdem verbrauchen die Algen durch ihr schnelles Wachstum selbst viel Kohlenstoffdioxid.

Es gibt noch mehr Ideen dafür, mit Algen die Umwelt zu schonen: Man kann mit ihnen Strom erzeugen oder Treibstoffe für Autos und Flugzeuge aus ihnen machen.

POSITION: Mit dem Jakobsstab bestimmte man anhand des Winkels zwischen Sonne und Horizont, auf welchem Breitengrad das Schiff sich gerade befand.

RICHTUNG: Schon früh nutzten Seefahrer das Wissen, dass sich eine magnetische Nadel immer nach Norden ausrichtet, und orientierten sich mithilfe des Kompasses.

WO UND WANN KOMMT DAS NÄCHSTE LAND?

Das wussten die Seefahrer früher meist nicht. Trotzdem versuchten sie, sich auf dem Meer zurechtzufinden. In der Antike fuhren Schiffe entweder an den Küsten entlang oder man bestimmte die Richtung nach dem Stand von Sonne, Mond und Sternen. Seefahrer begannen ihre Erfahrungen aufzuschreiben, damit nach ihnen Reisende sich daran orientieren konnten. Ab dem 13. Jahrhundert entstanden aus diesen Aufzeichnungen erste einfache Seekarten. Mit der Zeit entwickelten die Menschen technische Hilfsmittel, um Richtung, Geschwindigkeit und Position des Schiffes zu bestimmen. Am besten konnte man sich orientieren, wenn man diese drei Faktoren miteinander kombinierte.

GESCHWINDIGKEIT: *Das Log bestand aus einem Holzbrett und einer daran befestigten Schnur mit Knoten in regelmäßigen Abständen. Das Brett war mit Blei beschwert und blieb so an der Stelle liegen, wo man es ins Wasser warf. Daran, wie schnell sich die Leine beim Weiterfahren abwickelte, errechneten die Seeleute die Geschwindigkeit des Schiffes. Knoten in der Leine erleichterten es, dabei den Überblick zu behalten. Deshalb misst man die Geschwindigkeit auf See noch heute in »Knoten«. Eine Seemeile misst ungefähr 1,85 Kilometer.*

Seekarte mit Korsika, Sardinien und Sizilien aus dem 14. Jahrhundert.

So fuhren die Menschen schon vor Tausenden Jahren zur See. Die alten Ägypter und Griechen erschlossen sich über das Meer neue Handelswege, die Wikinger legten bei ihren Raubzügen unzählige Seemeilen zurück. Im Mittelalter schlossen sich Städte der Nord- und Ostsee zu der mächtigen Handelsgemeinschaft Hanse zusammen und Seefahrer wie Christoph Kolumbus nahmen Kontinente ein.

ÄGYPTER

CHRISTOPH KOLUMBUS

SANTA MARIA

WIKINGER

Heute werden Schiffe von einer mit viel Technik ausgestatteten Kommandobrücke aus gesteuert. Da immer etwas kaputtgehen kann, gibt es die wichtigsten Geräte sogar in zweifacher Ausführung.

Mit elektronischen **SEEKARTEN** wird die Route des Schiffes geplant.

Der **KOMPASS** zeigt die Himmelsrichtung, in die das Schiff fährt.

Mit dem **RUDER** ändert man die Fahrtrichtung.

Über **FUNK** kann man mit anderen Schiffen oder dem Festland Kontakt aufnehmen.

Außerhalb des Schiffes helfen schwimmende **SEEZEICHEN** *wie Tonnen und Feuerschiffe oder Leuchttürme bei der Orientierung.*

GPS kann mithilfe von Satelliten im Weltall die genaue Position des Schiffes bestimmen.

Auf dem **RADAR** sieht man Hindernisse wie andere Schiffe, Bojen oder Felsen. Außerdem zeigt es die Küstenlinie und Wassertiefe.

Trotz aller Technik ist das Steuern eines Schiffes sehr kompliziert. Es braucht dazu eine lange Ausbildung, viel Erfahrung und auf größeren Schiffen ein ganzes Team. Dann unterstützen Nautiker die Kapitänin beim Navigieren. Läuft das Schiff in einen Hafen ein, kommt ein Lotse an Bord, der sich in dem Fahrtgebiet gut auskennt.

BIS HEUTE NUTZEN MENSCHEN DIE OZEANE, UM HANDEL ZU TREIBEN ODER SICH DIE WELT ANZUSEHEN.

Doch unsere Schiffe werden immer größer. 90 Prozent der Waren, die täglich um die Welt gehen, werden auf Schiffen transportiert. Die Frachtschiffe sind gigantisch, manche von ihnen so groß wie vier Fußballfelder.

Das Handelsgut wird in Stahlcontainern verstaut, die eine festgelegte Größe haben. So kann man sie weltweit auf jedem Frachtschiff stapeln und in jedem Hafen lagern oder für den Weitertransport auf Lkws oder Züge laden. Pro Jahr werden etwa 150 Millionen dieser Container über die Ozeane transportiert. Ungefähr ein Drittel davon wird im größten Hafen der Welt, in Shanghai, umgeschlagen.

UNSERE KABINE IST IM 12. STOCK!

AUF DEM SCHIFF WOHNEN MEHR MENSCHEN ALS ZU HAUSE IN MEINER STADT!

Auf Kreuzfahrtschiffen kann man kreuz und quer über die Ozeane reisen. Sie können Tausende von Passagieren aufnehmen und sind wie riesige schwimmende Hotels. Es gibt darauf Restaurants, Spielplätze, Schwimmbäder und manchmal sogar eine Eislaufbahn. Kreuzfahrten werden immer beliebter. Etwa 30 Millionen Menschen unternehmen im Jahr eine Reise auf solch einem Schiff.

Weil man auf Schiffen so viele Güter oder Menschen auf einmal mitnehmen kann, könnte man sie für umweltfreundliche Transportmittel halten. Frachtschiffe zum Beispiel stoßen pro transportierter Tonne weniger klimaschädliches Kohlenstoffdioxid aus als ein Lkw. Da Schiffe von Schweröl angetrieben werden, belasten die Schiffe die Umwelt aber dennoch sehr stark durch andere, teilweise hochgiftige Schadstoffe wie Schwefeloxid oder Ruß. Rußpartikel aus der Schifffahrt findet man sogar im Eis der Arktis. Hier führt der Niederschlag dazu, dass der Schnee dunkler wird und damit durch die Sonne schneller schmilzt.

Schiffe stoßen pro Tonne und Kilometer etwa 15 Gramm Kohlenstoffdioxid aus, beim Lkw sind es 50 Gramm. Allerdings enthält das Schweröl, mit dem Schiffe angetrieben werden, 3.500-mal so viel Schwefel wie Lkw-Diesel.

In großen Hafenstädten, in denen viele Schiffe anlegen, sind Luft- und Wasserqualität oft besonders schlecht. Daher wird daran gearbeitet, Schiffe in Häfen durch elektrische Energie vom Festland zu versorgen, anstatt die Motoren dort laufen zu lassen. Außerdem sucht man nach alternativen Antriebsmöglichkeiten, zum Beispiel durch umweltfreundliche Treibstoffe oder zusätzliche Segel.

Der Lärm, der durch Schiffe verursacht wird, ist ein Problem für die Tierwelt. Die Schiffe sind über und unter Wasser über weite Strecken zu hören und stören zum Beispiel Wale, Robben, Vögel und einige Fischarten. Viele Tiere nutzen Schall, um sich zu orientieren, Futter zu suchen oder sich vor Feinden zu schützen. Herrscht in ihrem Lebensraum großer Lärm, ist das nur eingeschränkt möglich.

VIELE TIERARTEN REISEN ALS BLINDE PASSAGIERE MIT IN FREMDE GEBIETE.

Das kann für die einheimischen Meeresbewohner zum Problem werden. Damit Frachtschiffe stabil im Wasser liegen, brauchen sie viel Gewicht. Werden im Zielhafen die Container entladen, nimmt das Schiff Meerwasser auf, um für den Rückweg das Gewicht der Container zu ersetzen. In diesem sogenannten Ballastwasser schwimmen unzählige Lebewesen, die nun mit übers Meer fahren. Zurück im Heimathafen oder unterwegs wird das Wasser wieder abgelassen und mit ihm die tierischen Passagiere.

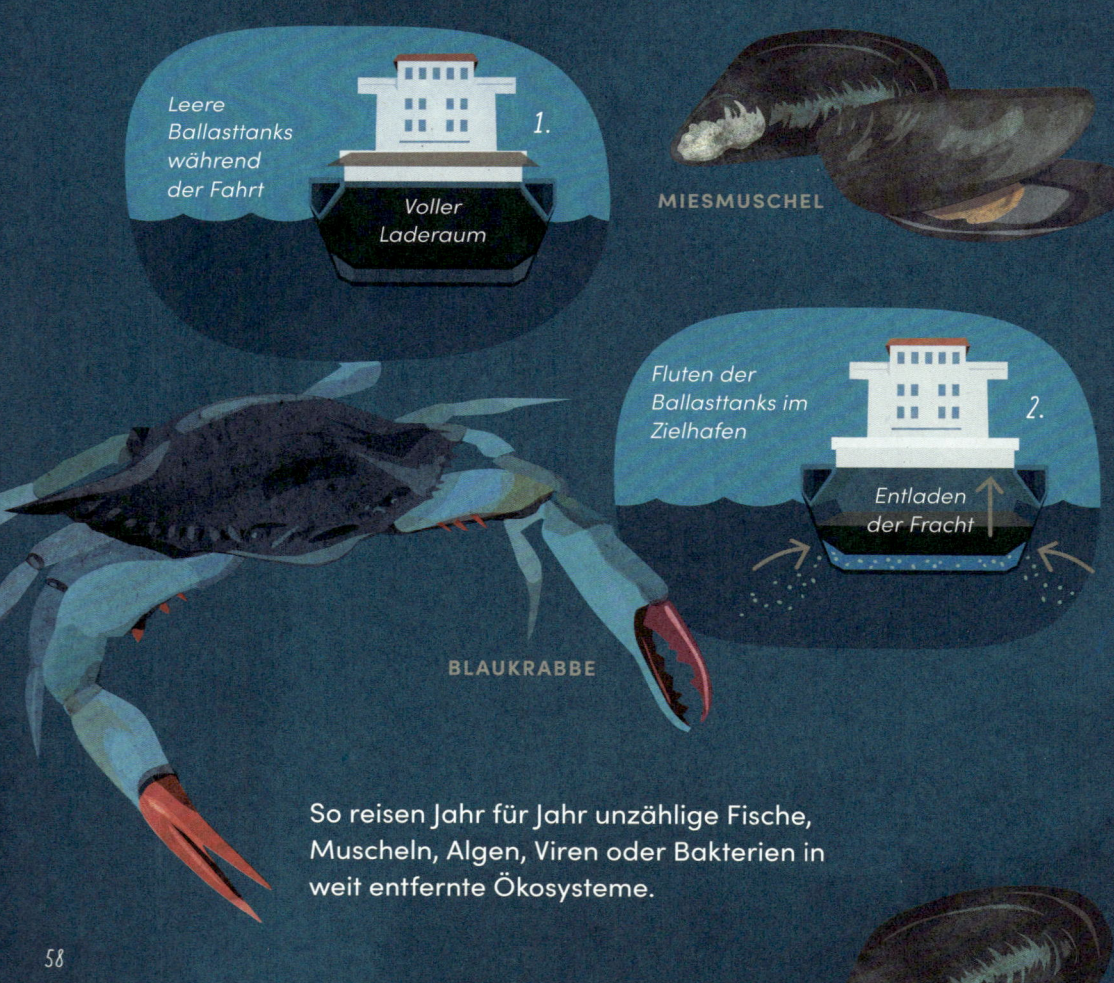

1. Leere Ballasttanks während der Fahrt — Voller Laderaum

MIESMUSCHEL

2. Fluten der Ballasttanks im Zielhafen — Entladen der Fracht

BLAUKRABBE

So reisen Jahr für Jahr unzählige Fische, Muscheln, Algen, Viren oder Bakterien in weit entfernte Ökosysteme.

Durch den Klimawandel und die Erwärmung der Meere kommt es immer häufiger vor, dass sie dort ähnliche Bedingungen vorfinden wie zu Hause. Trotzdem stören sie das perfekt aufeinander abgestimmte Zusammenleben. Wenn zum Beispiel natürliche Fressfeinde fehlen, können sich die eingeschleppten Tiere manchmal so stark vermehren, dass heimische Arten verdrängt werden.

Volle Ballasttanks während der Rückfahrt

3.

Leerer Laderaum

Lenzen der Ballasttanks im Heimathafen

4.

Laden neuer Fracht

PAZIFISCHE AUSTER

Um der Verbreitung der sogenannten invasiven Arten vorzubeugen, müssen Schiffe künftig an Bord ihr Ballastwasser behandeln, um die Anzahl der Lebewesen so klein wie möglich zu halten. Das geht zum Beispiel durch mechanische Filter, durch UV-Strahlungen oder chemische Zusätze.

DIE MENSCHEN PASSEN DAS MEER AN IHRE BEDÜRFNISSE AN.

Um kürzere Wege für Schiffe zu schaffen, baut man Kanäle, die die Ozeane miteinander verbinden. Zum Beispiel den 82 Kilometer langen Panamakanal zwischen dem Atlantik und dem Pazifik in Mittelamerika. Oder den Suezkanal, der über 160 Kilometer durch Ägypten vom Indischen Ozean in den Nordatlantik führt. So müssen Schiffe nicht mehr ganz Südamerika oder Afrika umrunden, um von einem Ozean in den anderen zu gelangen. Weil Schiffe immer größer werden, werden solche Kanäle irgendwann zu klein. Dann müssen sie in riesigen Baustellen ausgebaut werden.

ELBE

NORD-OSTSEE-KANAL

In Deutschland verbindet der Nord-Ostsee-Kanal die Nordsee an der Elbmündung bis zur Ostsee an der Kieler Förde. Mit einer Länge von etwa 100 km können so über 460 km Schiffsstrecke eingespart werden.

Mittelmeer

SUEZKANAL

Indischer Ozean

Als das Containerschiff »Ever Given« im Suezkanal feststeckte, störte das weltweit den Handel. Hunderte von Schiffen konnten nicht weiterfahren. Erst nach sechs Tagen konnten Schlepperschiffe die »Ever Given« freiziehen.

Um in den Hamburger Hafen zu gelangen, müssen von der Nordsee kommende Schiffe ein Stück die Elbe entlangfahren. Für die immer größeren Schiffe wurde die Elbe immer tiefer gegraben. Durch das Ausbaggern werden flache Uferzonen zerstört. Lebensraum für bestimmte Fischarten und Vögel, die dort ihr Futter finden, geht verloren. Der Schlick, der aus der Elbe gebaggert wird, wird von riesigen Schiffen in die Nordsee geleitet. Allerdings kehrt er durch den Sog der Flussmündung immer wieder zurück. Es muss weiter gebaggert werden und die Elbe wird trüb. Dadurch sinkt der Sauerstoffgehalt des Wassers, denn um Kohlenstoffdioxid in Sauerstoff umzuwandeln, brauchen die Pflanzen am Elbgrund Licht.

SAUGBAGGERSCHIFF

IN ALLEN MÖGLICHEN DINGEN WIRD SAND VERARBEITET.

In Handys, Kosmetik, Zahnpasta und sogar in Lebensmitteln. Zum Beispiel in Tüten mit geriebenem Käse, damit der nicht zusammenklumpt. Vor allem steckt er aber in unseren Häusern und Straßen.

Da es immer mehr Menschen auf der Welt gibt und unsere Häuser größer werden, wird immer mehr gebaut. Dafür braucht man jede Menge Beton, der vor allem aus Sand besteht. Der Sandbedarf hat sich in den letzten 20 Jahren verdreifacht. 40 bis 50 Milliarden Tonnen werden Jahr für Jahr verbraucht. Der meiste Sand davon stammt aus Flüssen und aus dem Meer, denn er eignet sich für die Herstellung von Beton besonders gut.
Die Sandkörnchen sind eckiger als der vom Wind glatt geschliffene Wüstensand und haften dadurch besser zusammen.

FLUSSSAND

WÜSTENSAND

Die Entstehung von Sand dauert Millionen von Jahren. Regen und Wind zerreiben Gebirgsfelsen zu immer kleineren Teilchen. Durch Flüsse werden sie ins Meer gespült und von Strömung, Wellen und Brandung weiter geschliffen, bis sie winzige Sandkörnchen sind. Hinzu kommen vom Meer zerkleinerte Muscheln und Küstenfelsen.
Wir holen viel mehr Sand vom Meeresboden, als natürlich nachkommt. Riesige Bagger tragen Strände ab oder saugen den Sand nahe der Küste aus dem Meer, damit er verkauft werden kann. Dabei wird der Lebensraum von vielen Tierarten wie Krebsen zerstört. Außerdem sind die Küsten nicht mehr vor Überflutungen geschützt, wenn die vorgelagerten Strände und Dünen schwinden.

AM MEERESGRUND GIBT ES BEGEHRTE ROHSTOFFE.

Erdöl und Erdgas verbrennen wir, um Energie zu gewinnen. Autos fahren mit Treibstoffen, die aus Erdöl gewonnen werden, und die meisten Heizungen verbrauchen Erdgas. Diese Rohstoffe liegen tief unter der Erde und sind über Jahrmillionen aus verrottenden Pflanzen und Lebewesen entstanden. Etwa ein Drittel des jährlich geförderten Erdöls und -gases wird aus dem Meeresboden geholt.

SEA TROLL BITTE KOMMEN. HIER TANGO KILO BRAVO IM ANFLUG.

Von riesigen künstlichen Inseln aus wird mehrere Hundert Meter und für Erdgas mehrere Kilometer in den Meeresboden gebohrt, um an die Öl- oder Gasfelder zu gelangen. Ist zum Beispiel das Öl erreicht, befördern es Pumpen nach oben. Dort wird es in Tanks gelagert und aufbereitet und schließlich von Tankschiffen abgeholt. Oder es fließt durch viele Kilometer lange Rohre, die Pipelines, an Land.

undurchlässige Gesteinsschicht

Erdgas

Erdöl

GRÖSSTE BOHRINSEL DER WELT
Die »Sea Troll« wiegt 1,2 Millionen Tonnen und ist mit 472 Metern höher als so mancher Wolkenkratzer. Sie liegt etwa 100 Kilometer von der norwegischen Küste entfernt.

Allein der Bau einer Bohrinsel stört mit riesigem Lärm und Stahlmassen das Ökosystem Meer. Bei der Reinigung des Öls entstehen Abfälle, die ins Meer geleitet werden. Durch Unfälle, zum Beispiel Lecks im Bohrloch, in einer Pipeline oder durch verunglückte Tankschiffe kann Erdöl ins Meer geraten. Das Öl legt sich über das Meer wie ein riesiger Teppich. Es vergiftet Meerestiere und verklebt das Gefieder der Vögel, sodass sie nicht mehr fliegen können. Bis sich die Natur von einer solchen Ölpest erholt hat, dauert es viele Jahre.

VERLEGERSCHIFF

Erdgas und Erdöl fließen in riesigen Rohren, den Pipelines, durch das Meer. Von Förderinseln ans Festland. Oder von Land zu Land.

Wenn eine neue Pipeline geplant wird, muss zunächst der Meeresboden untersucht werden. Wo genau soll sie verlaufen? Gibt es auf der geplanten Strecke Felsen, Schiffswracks oder Bomben aus dem Zweiten Weltkrieg? Die Hindernisse werden aus dem Weg geräumt oder die Route der Pipeline angepasst.

Die Rohre werden aus besonders stabilem Stahl gegossen und von außen mit einer Betonschicht versehen, damit sie schwer auf dem Meeresgrund liegen und nicht von Wellen, Sturmfluten oder Erdbeben bewegt werden können.

WIE REPARIERT MAN EIN LECK?

Geht es schließlich an das Verlegen der Rohre, kommen Verlegerschiffe zum Einsatz. Auf ihnen werden die einzelnen Rohre zunächst miteinander verschweißt und dann über eine Art Fließband ins Wasser gelassen.

Das Unterwasserhabitat wird befestigt, verschlossen und das Wasser herausgepumpt. Jetzt ist es innen trocken, die Taucher klettern hinein.

Umweltschützer kritisieren den Bau von Pipelines. Beim Verlegen wird der Meeresboden aufgewühlt, außerdem stört der Lärm in der Nähe lebende Tiere. Haben Pipelines ein Leck, müssen sie repariert werden, denn es darf kein Öl oder Gas austreten. Die Reparatur ist kompliziert und dauert lange. Dafür müssen unter Wasser Werkstätten eingerichtet werden, in denen Taucher an der Pipeline arbeiten können.

1. Von einem Schiff aus wird das Unterwasserhabitat, eine Art Miniwerkstatt, auf die zu reparierende Stelle herabgesenkt. Spezialisten tauchen hinab.

3. Um das Leck abzudichten, wird ein Ring über dem Leck um die Pipeline geschlossen.

4. Ein Mantel darüber wird verschweißt. Die Leitung ist wieder dicht. Dauert die Arbeit mehrere Tage, bleiben die Taucher währenddessen in einer Druckkammer.

5. Das Unterwasserhabitat wird wieder geflutet und zurück ins Schiff gezogen. Die Taucher begutachten die reparierte Stelle. Das Auftauchen kann mehrere Stunden dauern, da der Körper der Taucher sich langsam an den abnehmenden Druck anpassen muss.

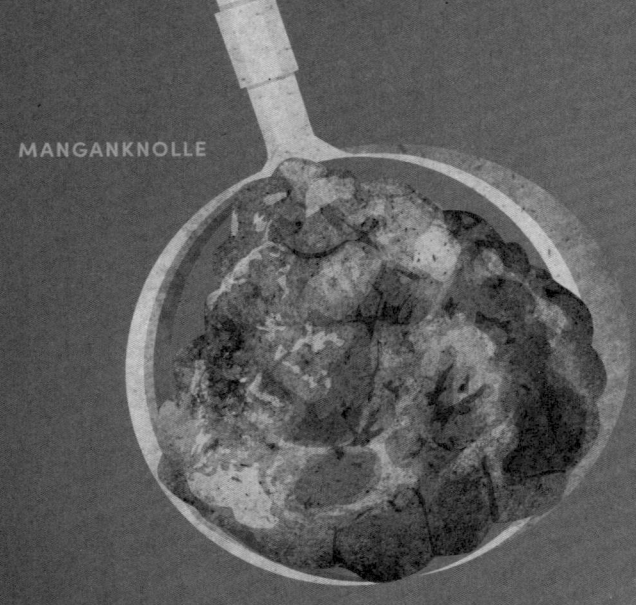

MANGANKNOLLE

In unserem Alltag begegnen uns überall Metalle, zum Beispiel Kobalt, Nickel und Kupfer. Sie stecken in Laptops, Handys oder Batterien. Da der Bedarf immer weiter steigt und die Metalle nur selten vorkommen, denkt man darüber nach, sie in der Tiefsee abzubauen. Dort liegen in durchschnittlich 5000 Meter Tiefe Manganknollen, die viele wertvolle Metalle enthalten. Sie entstehen aus winzigen Stückchen wie Muschelschalen oder kleinen Steinchen, an denen sich die Metalle abgelagert haben. Ein echter Schatz!

Wissenschaftlerinnen untersuchen, wie sich ein Abbau von Manganknollen auf die Umwelt auswirken würde. Klar ist: Jede Form des Abbaus würde das Ökosystem des Meeresbodens schädigen. Die Knollen selbst sind Lebensraum unterschiedlichster Lebewesen. Außerdem würde der Meeresboden durch die Entnahme der Knollen so sehr aufgewühlt, dass er wahrscheinlich Jahrhunderte brauchen würde, um sich zu erholen. Und: Manganknollen wachsen nicht einfach nach. Um einen Zentimeter zu bilden, braucht es eine Million Jahre.

Außerdem denken Wissenschaftler darüber nach, ob Schwarze Raucher genutzt werden könnten, um die Menschen mit seltenen Metallen zu versorgen. Sie befinden sich am Meeresboden in der Tiefsee und befördern wie Schlote wertvolle Rohstoffe aus dem Erdinnern nach oben. Ein Problem: Die Flüssigkeit ist mit bis zu 400 Grad fürchterlich heiß!

SCHWARZE RAUCHER

DAS INTERNET VERLÄUFT ÜBER DEN MEERESGRUND.

Wenn man einen Begriff sucht, ein Video anschaut oder eine Webseite aufruft, erhält man in Sekundenschnelle Daten aus der ganzen Welt. Und die fliegen nicht nur einfach durch die Luft! Über unzählige Kabel sind Computer, Tablets oder Smartphones aus allen Ländern mit Servern vernetzt, die die Informationen sammeln und verteilen. Die Kabel sind Tausende von Kilometern lang und verlaufen auch durch die Meere und Ozeane. Fast der gesamte internationale Internetverkehr geschieht über Unterseekabel.

WIR BRAUCHEN UMWELTFREUNDLICHE METHODEN, STROM ZU PRODUZIEREN.

Wenn wir dafür Wasser, Sonne und Wind nutzen, müssen wir kein Öl oder Gas verbrennen. Das spart Treibhausgase.

Auch mithilfe des Meeres können wir Energie gewinnen. Durch den Wechsel von Ebbe und Flut bilden sich starke Strömungen. Früher trieben sie Mühlräder an, die wiederum Mechanismen zum Mehlmahlen oder zum Abpumpen von Wasser auslösten. Heute kann die Bewegung des Wassers Strom entstehen lassen. Zum Beispiel in Gezeitenkraftwerken.

Sie arbeiten mit Staudämmen, in die Turbinen eingebaut werden. Die Dämme grenzen Bereiche des Meeres zu Speicherseen ab. Bei Flut läuft durch die Turbinen Wasser in den Speichersee, bei Ebbe fließt es durch die Turbinen wieder hinaus. Die Turbinen treiben Generatoren an, die Strom erzeugen. Da der Unterschied zwischen Ebbe und Flut für ein Gezeitenkraftwerk besonders groß sein muss, eignen sich nur wenige Küsten auf der Welt als Standort, zum Beispiel in Frankreich. Jedoch bedeutet der Bau eines Staudamms riesige Schäden für die Natur.

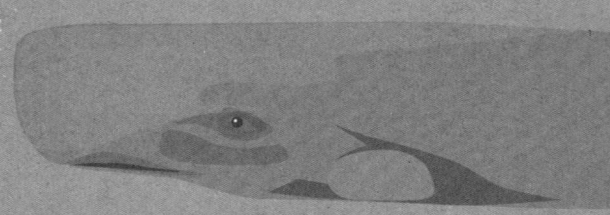

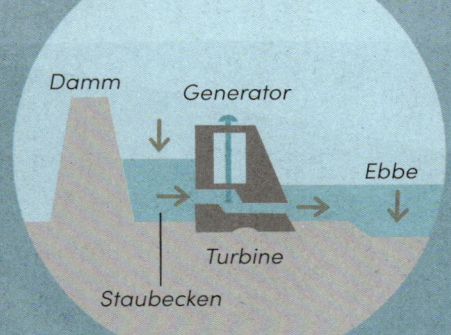

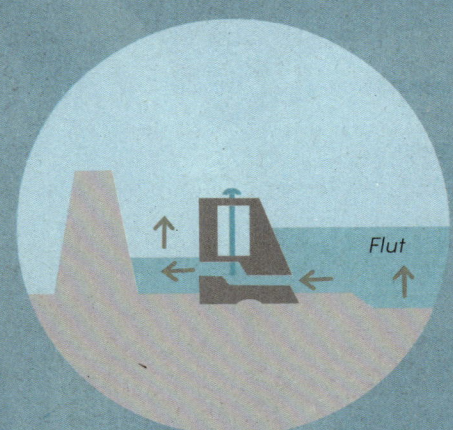

WIE EIN GEZEITENKRAFTWERK FUNKTIONIERT

Wissenschaftlerinnen entwickeln deshalb umweltfreundlichere Möglichkeiten, Ebbe und Flut zur Energiegewinnung zu nutzen. Bei einem Meeresströmungskraftwerk stehen die Turbinen frei im Wasser. Um sie zu errichten, muss die Natur kaum verändert werden. Allerdings verursachen die Turbinen viel Unterwasserlärm.

Auch aus Wind kann Energie entstehen. Da es am Meer besonders viel Wind gibt, baut man riesige Windräder ins Wasser. Sie treiben Generatoren an, um Strom zu erzeugen. In der deutschen Nord- und Ostsee gibt es zurzeit etwa 1.500 solcher Windkraftanlagen und es sollen noch mehr werden.

Der Bau der sogenannten Offshore-Windparks stört Meeresbewohner und Vögel empfindlich. Ist der Windpark aber fertig, wirkt er sich auch positiv auf seine Umgebung aus. Forscherinnen haben herausgefunden, dass die Artenvielfalt in Windparkgebieten sogar zunimmt. Durch Baulärm vertriebene Tiere kehren nach dem Ende der Bauarbeiten häufig zurück. Außerdem bilden Steinbrocken und Kies am Fuß der Windräder künstliche Riffe, an denen sich viele Lebewesen ansiedeln. Da Fischfang und Schifffahrt im Bereich der Windparks verboten sind, kann sich die Tier- und Pflanzenwelt hier frei entfalten.

TÜTEN, VERPACKUNGEN, FLASCHEN ODER SPIELZEUG –

überall begegnet uns Plastik. Um die 20 Millionen Tonnen davon landen jedes Jahr im Meer. Das ist ungefähr so viel wie zwei Lkw-Ladungen pro Minute.

Mittlerweile schwimmt so viel Plastik in den Ozeanen, dass es sich zu Müllinseln formt. Fünf solcher riesiger Plastikflächen sind bekannt. Die größte davon liegt im Pazifik und ist ungefähr viermal so groß wie Deutschland. Und das ist nur das Plastik an der Oberfläche. Vieles treibt auch in tieferen Wasserschichten oder liegt am Meeresboden.

Meerestiere und Seevögel verheddern sich in all dem Müll oder sie verwechseln ihn mit Nahrung. Sie können das Plastik nicht verdauen, sodass ihr Magen immer voller wird und kein Platz mehr für richtige Nahrung bleibt.

Das Plastik, das in Meeren und Ozeanen schwimmt, stammt auch aus unseren Haushalten. Achtlos in die Natur geworfener Müll kann durch Regengüsse oder Wind direkt ins Meer oder in Flüsse gelangen, die dann ins Meer führen. Plastik, das wir richtig entsorgen, indem wir es in die gelbe Tonne werfen, wird nur zum Teil recycelt oder verbrannt. Ungefähr die Hälfte wird in andere Länder transportiert, wo es weiterverarbeitet werden soll. Oft landet es dort aber wieder in der Natur und im Meer. Auch die Schifffahrt verursacht jede Menge Müll. Zum Beispiel, weil Fischfangflotten immer wieder ihre Kunststoffnetze verlieren. Aber nicht nur Plastik gerät durch die Schifffahrt ins Meer. Es ist Schiffen sogar erlaubt, bestimmte Arten von Müll ins Meer zu entsorgen.

Es gibt sogar noch viel mehr Plastik im Meer, man kann es bloß nicht sehen. Denn Plastik verrottet nicht. Es zerfällt nur durch die Wellenbewegung und Sonnenstrahlung in immer kleinere Teilchen, das sogenannte Mikroplastik. Außerdem enthalten unsere Shampoos, Cremes, Putzmittel oder Kleidung Mikroplastik, das beim Waschen ins Abwasser gerät und letztendlich ins Meer geleitet wird. Sogar der Abrieb von Autoreifen oder Schuhsohlen gelangt als Mikroplastik in die Ozeane.

ZU VIEL NAHRUNG SCHADET.

Lebewesen brauchen Nährstoffe, aber ein Überangebot kann ganze Ökosysteme zerstören.

Sind zu viel Stickstoff oder Phosphat im Wasser, wachsen Plankton und andere Algenarten an der Oberfläche so stark, dass sie nur noch wenig Licht durchlassen. Pflanzen wie Seegraswiesen brauchen aber Licht zum Leben.

Irgendwann sterben die Algen ab und sinken zu Boden. Dort werden sie von Bakterien zersetzt, die viel Sauerstoff verbrauchen. In extremen Fällen gibt es irgendwann gar keinen Sauerstoff mehr im Ozean und es ist kein Leben mehr möglich. Dann ist eine sogenannte Todeszone entstanden.

Der Stickstoff stammt vor allem aus der Landwirtschaft. Er ist in den Ausscheidungen der Tiere enthalten und wird zum Düngen auf die Felder ausgebracht. Einen Teil davon nehmen die Pflanzen auf, doch der Rest wird über das Grundwasser in Flüsse und Ozeane geleitet. Auch in Verkehr und Industrie wird viel Stickstoff freigesetzt. Er entsteht beim Verbrennen von Benzin oder Kohle und gelangt durch Staub und Regen ins Meer.

Phosphat kommt ebenfalls in Düngemitteln vor, floss aber viele Jahre lang auch in großen Mengen aus Wohnungen in Flüsse und Meer. Inzwischen dürfen unsere Wasch- und Spülmittel kein Phosphat mehr enthalten.

In die Nord- und Ostsee gelangt heute nicht mehr so viel Stickstoff und Phosphat wie noch vor einigen Jahrzehnten, denn wir haben modernere Kläranlagen und bessere Wasch- und Düngemittel. Dadurch konnten sich die Seegraswiesen erholen. Das ist wichtig, da sie Lebensraum für unzählige Arten bieten. Außerdem schützen sie Küstenregionen, indem sie das Abtragen von Sand verhindern und als natürliche Wellenbrecher dienen.

SAUBERE WÄSCHE SOLL KEIN SCHMUTZIGES WASSER VERURSACHEN.

BEI HUSTEN, KOPFSCHMERZEN ODER FIEBER KANN MEDIZIN HELFEN.

Für ernsthaft erkrankte Menschen ist sie sogar lebenswichtig. Doch für die Tiere und Pflanzen des Meeres können unsere Medikamente selbst in kleinen Mengen giftig sein.

Wenn wir Medizin einnehmen, kommt ein Teil davon auf der Toilette wieder heraus und wird in die Kanalisation gespült. Da Kläranlagen nicht alles herausfiltern können, gelangen einige chemische Stoffe mit dem Abwasser in Bäche und Flüsse und irgendwann ins Meer. Auch wenn wir Medizin nicht richtig entsorgen, sondern ins Waschbecken oder in die Toilette kippen, passiert das.
Hinzu kommen Medikamentenrückstände aus der Tierhaltung. Denn auch Schweine und Kühe werden krank! Besonders Tiere, die in großer Zahl und auf engstem Raum zusammenleben, sind anfällig für Krankheiten. Ihnen gibt man vorsorglich Antibiotika ins Futter.

GANZ SCHÖN VIELE SCHMERZMITTELRESTE!

WASSER PROBE 01

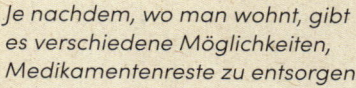
Je nachdem, wo man wohnt, gibt es verschiedene Möglichkeiten, Medikamentenreste zu entsorgen:

RESTMÜLLTONNE

SCHADSTOFFSAMMELSTELLE

APOTHEKE

Die Meeresbewohner leiden unter diesen Chemikalien. Sie können den Organen von Fischen schaden, sie zu stark oder zu wenig wachsen lassen oder sogar ihr Geschlecht beeinflussen. Da sich die Bestandteile verschiedener Medikamente im Meer mischen, ist es oft schwierig, zu erkennen, welcher Stoff welche Folgen hat. Forscher arbeiten noch daran, das herauszufinden.

DAS WATTENMEER
ist vom Wechsel der Gezeiten geprägt. Mehr als 10.000 Arten leben hier.

AUSTERNFISCHER

GESETZE SOLLEN DAS MEER SCHÜTZEN.

Politikerinnen können Meeresschutzzonen einrichten und für diese Zonen Regeln festlegen, zum Beispiel das Fischen gefährdeter Arten oder die Nutzung schädlicher Netze verbieten. Viele Länder kümmern sich dabei aber nur um die eigenen Meere. Für die riesigen Regionen, die keinem Land zugehörig sind, fühlt sich häufig niemand zuständig. Dort werden weder Fischerei noch Schifffahrt kontrolliert. Und so stehen zurzeit nur etwa 7 Prozent der Ozeane unter Naturschutz. Außerdem finden Umweltschützerinnen die Regeln nicht ausreichend. In vielen Meeresschutzgebieten darf noch immer viel zu viel gefischt oder nach Öl gebohrt werden. Es braucht strengere Vorgaben und mehr Kontrollen.

WATTWÜRMER *pflügen den Boden – pro Wurm etwa 25 kg pro Jahr. Sie reichern ihn mit Sauerstoff an und bringen Nährstoffe an die Oberfläche.*

Millionen von Zugvögeln rasten hier auf ihren Reisen.

RINGELGANS

HERZMUSCHELN *sind wichtig, sie filtern Meerwasser. Deshalb wurde die Herzmuschelfischerei in Deutschland verboten.*

UM DIE MEERE ZU SCHÜTZEN, MUSS MAN SIE VERSTEHEN.

Ozeanografen, Meeresbiologinnen, Chemiker oder Geologinnen erforschen Meer und Ozeane. Sie beschäftigen sich mit dem Wasser, dem Meereseis, den Pflanzen, den Tieren und dem Meeresboden. Dafür sind sie manchmal wochenlang auf Forschungsschiffen unterwegs.

Obwohl sie die Fischbestände schützen möchten, müssen Forscher manchmal auch fischen. Nur so können sie sehen, wie es den Tieren geht, zum Beispiel, wie groß und schwer sie sind oder ob sie bestimmte Krankheiten haben. Und wie viele ihrer Art in einer bestimmten Region leben.

Im Labor wird an Wasserproben zum Beispiel untersucht, ob das Meer übersäuert oder verunreinigt ist und ob es ausreichend Sauerstoff enthält.

Forschende verbringen auch viel Zeit am Schreibtisch. Hier schreiben sie zum Beispiel auf, was sie herausgefunden haben, oder organisieren neue Forschungsprojekte.

Meeresboden und Eis geben Auskunft über die Vergangenheit. Im Wasser rieseln ständig Reste von abgestorbenen Pflanzen und Tieren, Sand und Steine nach unten. Sie lagern sich Schicht für Schicht ab. Mit großen Rohren werden lange Proben des Bodens entnommen. An den einzelnen Schichten kann man untersuchen, welche und wie viele Tiere früher in den Ozeanen gelebt haben oder wie der Salzgehalt und die Temperatur des Wassers waren. Auch aus dem Eis, das aus unzähligen gepressten Schneeschichten besteht, kann man Kerne herausbohren. Darin eingeschlossene Luftbläschen liefern Informationen über das Klima von Tausenden von Jahren.

Wir wissen mehr über den Mond als über die Tiefsee. Nur ungefähr 5 Prozent der Tiefsee sind erforscht. Wissenschaftler gehen davon aus, dass hier Millionen von unentdeckten Arten leben.

Die Tiefsee beginnt ab etwa 250 Metern unter der Wasseroberfläche. Je tiefer man kommt, desto höher steigt der Wasserdruck und desto kälter wird es. Ab etwa 60 Meter Tiefe ist es stockdunkel, da das Sonnenlicht nicht mehr durch das Wasser dringen kann. Das macht es so schwierig, diese Region zu erkunden.

GERÄTETAUCHER
schaffte die Rekordtiefe von 332,35 m.

1.000 m

CUVIER-SCHNABELTIER
ist das am tiefsten tauchende Säugetier: 2.900 m

2.000 m

3.000 m

TIEFSEEWURM

Die technischen Entwicklungen der vergangenen Jahrzehnte haben die Tiefseeforschung vorangebracht. Man braucht dafür kleine U-Boote, die Menschen von Forschungsschiffen aus in die Tiefe bringen. Oft werden auch spezielle Roboter eingesetzt, die mit Kameras und Messgeräten den Meeresboden untersuchen. Immer wieder stoßen die Tiefseeforscher dabei auf unbekannte Lebewesen.

4.000 m

SEEGURKE

5.000 m

6.000 m

DUMBO-OKTOPUS
wurde in dieser Tiefe gesichtet: 7.000 m

OH, SO EIN TIER HABE ICH NOCH NIE GESEHEN!

8.000 m

BESTIMMT EINE NOCH UNBEKANNTE ART.

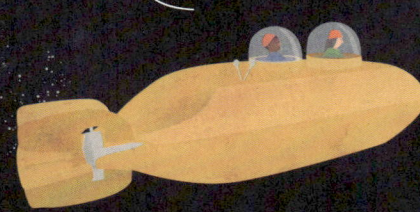

9.000 m

10.000 m

Der **TIEFSTE PUNKT** *der Welt: ca. 11.000 m*

UM DIE OZEANE ZU SCHÜTZEN, KÖNNEN WIR ALLE ETWAS TUN.

Nur ausgewählten Fisch essen, um Überfischung entgegenzuwirken.

Fahrrad statt Auto, regionales Gemüse statt Fleisch, Pulli statt Heizung, draußen spielen statt Filme streamen: Treibhausgase sparen hilft Klima und Ozean!

Waschen und Putzen lieber ohne Mikroplastik und mit umweltfreundlichen Mitteln

Müll vermeiden und richtig entsorgen.

VIELES MUSS SICH ABER AUCH IM GROSSEN ÄNDERN. DAS KÖNNTE SO GEHEN:

Für die Herstellung der Produkte werden vor allem Materialien verwendet, die aus der Nähe stammen. So muss weniger über die Ozeane transportiert werden.

Unternehmen verzichten darauf, Rohstoffe zu verarbeiten, die im Meer abgebaut wurden.

Ein viel größerer Teil der Meere wird unter Naturschutz gestellt.

In der Fischerei gibt es strenge Fangquoten und es werden tier- und pflanzenschonende Netze verwendet.

Energie wird klimafreundlich aus Sonne, Wind oder Wasser gewonnen.

Schiffe fahren mit umweltfreundlichen Antrieben und halten weitere Maßnahmen zum Schutz der Meere ein. Sie nehmen Rücksicht auf die Tierwelt, indem sie in bestimmten Regionen ihr Tempo verlangsamen, oder übergeben in den Häfen ihren Müll an Entsorgungsunternehmen.

Es werden größere Meeresschutzgebiete ausgewiesen, in denen menschliche Aktivitäten eingeschränkt sind und Fischfang und Rohstoffabbau untersagt sind. So wird das natürliche Ökosystem geschützt.

WIR BRAUCHEN GESUNDE OZEANE.

Sie können helfen, den Klimawandel zu begrenzen. Sie geben unzähligen Lebewesen ein Zuhause und uns Menschen Nahrung und Sauerstoff. Sie verbessern sogar unser Wohlbefinden: Am Meer können wir uns erholen. Die salzige Luft tut uns gut, der weite Blick über das Wasser beruhigt die Gedanken. Wer Meeresrauschen hört, empfindet wohl sogar weniger Schmerz.

Damit die Ozeane sich erholen können, müssen Politikerinnen und Wissenschaftler der ganzen Welt zusammenarbeiten. Die Vereinten Nationen haben zum Beispiel die Ozeandekade ausgerufen. Zehn Jahre lang werden sich Menschen aus vielen verschiedenen Ländern gemeinsam dafür einsetzen, die Meere besser zu erforschen, auf Probleme aufmerksam zu machen und Lösungen zum Schutz der Ozeane zu entwickeln.

Überall an den Küsten gibt es Menschen, die sich für den Schutz des Meeres einsetzen. Aber auch was wir zu Hause, in der Schule oder in unserer Stadt tun, zählt!